Nach seinem erfolgreichen ersten Buch »Starckdeutsch« wendet Matthias Koeppel sein vokalkräftiges und konsonantenverstärktes Deutsch nun auf die Tierwelt an: vom Pruntozaurihur bis zum Dukartnscheußßur.
Koeppels illustriertes Tierleben soll zugleich anstiften: So wie der Autor selbst zu Stift und Leier griff, nach Laune und ohne Aufsicht durch Linguisten und Malerkollegen, so will auch sein Buch gelesen, gedreht, gewendet und vor allem nachgeahmt sein. Ein Zoo für den Hausgebrauch, ein *starckes Förhasteuntikonksmoitoll* für den Freundeskreis.

Matthias Koeppel, geboren 1937 in Hamburg, aufgewachsen in Berlin, 1955–61 Studium der Malerei an der Berliner Hochschule der Bildenden Künste, seitdem freischaffend. 1973 Gründungsmitglied der *Schule der Neuen Prächtigkeit*; 1977 erste Retrospektive im Neuen Berliner Kunstverein; zahlreiche Preise. Seit 1981 Professor für Malen und Zeichnen im Fachbereich Architektur der Technischen Universität Berlin. Zahlreiche Ausstellungen im In- und Ausland. Lebt in Berlin.
Als Fischer Taschenbuch erschien auch ›Starckdeutsch‹, eine Auswahl der stärksten Gedichte, Bd. 11011.

KOEPPELs TIERLEBEN

In Starckdeutsch

Mit Zeichnungen des Autors

Fischer
Taschenbuch
Verlag

Ungekürzte Ausgabe
Veröffentlicht im Fischer Taschenbuch Verlag GmbH,
Frankfurt am Main, März 1995

Lizenzausgabe mit freundlicher Genehmigung
des Verlags Klaus Wagenbach GmbH, Berlin

Zeichnungen im Buch: Matthias Koeppel
Druck und Bindung: Clausen & Bosse, Leck
Printed in Germany
ISBN 3-596-12279-1

Gedruckt auf chlor- und säurefreiem Papier

KOEPPELs TIERLEBEN

Gehörnte & Ungehörnte

Ungeheure & Beißende

Flatternde & Fliegende

Kriechende & Schwimmende

Gehörnte
&
Ungehörnte

Aurangk Uchtan

Aurangk Uch, – drr Aurangk Uchtan
dutt su muntschelüch ußßsahn;
duch örr donckdt dmm LÜBEN GUTTE,
dißß ÖR koin'n Muntsch oss ühm gemaucht
nücht hutte.

Undüreckt

Demm Leuvenzarn, demm Leuvenzarn,
demm fraszet dis Karrniekul garn,
duch nücht dör Mansch, demm dis nücht
schmarckt,
trumb er demm Tür demm Kopp apharckt;
duch wöllst s Karrniekul du verzahrrn,
schmeuszt undüreckt du Leuvenzarn.

Dss Karnikul

Karnikul, di Karnikulen
mößßen ümbartzu rammbulen.
Rimmel-ramm, drr Rammelör
maucht'z vi oin Matschun'gewööhr.
Trutzdeim wör mür nöcht gonz wuhl,
wör ück oin Karnikuhul.

Zeipbruar

Hott diss Zizazeipbruar
Struiffen ochch omm Pümmular?
Künnt' monn di Zeipbrassün pfraggen,
duch di dät varmeutlich saggen:
Pümmular gestruifft? – nuin tancke,
meun Gelübtar üßt duch keune Tschrancke!

Di Girauffn

Drr Geschlachtztrüb pei Girauffn
pführrt ze gräußßtn Kuttastrauphen;
dönn pei ühren Lipisspulsen
dar varknäuttn süch di Hulsen,
wann se süch dönn nuch begautten,
wörd'z nn gurrdüschar Kanauttn.

Di Garzulle

Di Garzolle, di Garzulle
üßt ne onngeheujur schnulle,
schprüngdt grazzul dorch di Zarvannen, –
düsis ünschpirurt di Mannen
zomm Varkleuch mtt dn Garzullen,
wann se Pfrauwen tschmuichuln wullen.
Plündt maucht Lüübe, ont nauchhür
huißßt öss: Ultis Drampultüür!

Rhinonautzerus

Sööht, diss Rhinonautzerus:
Pei dmm Kiokauitus
hart'z di Nuse ümmbar vurrn,
dönn mtt sinem graußßzn Hurrn
karnn diss Tüür di dullzdn Suchchn
pei drr Rhinonautz'rünn muchn.
Duch, nn Hurrn – darr kimmnt nöxx raußßn;
tarumb schturbbdt diss Tüür pald außßn.

Kanguruhr

Kanguruhr, diss Kanguruhr
üßt oin Peutultiehahur.
Duch varmöttulz suines Peutulz
maucht diss Tüür jarr nöchtz Gescheutulz.
Ück zomm Peispul dät varsauchuln,
müch mm Peutul ze varkrauchuln,
ont pfürr oin porr schtülle Schtondtn
wöör ück dnn tautul varschwonndten.

Pföörd

Eidul üßt dss Pföörd, ont gaut
görne monn ss onschahaut;–
tscheun, wann monn öss om süch hott,
gemuhlt, ont ulz Karlandurbblott,
auchch geschteickdt uff oinim Keißßen
meuchte monn öss nücht varmeißßen.
Wörr diss Tüür ze vill varöhrt,
sücht paldt salbar äuss vi'nn Pföörd;
daffur leiffurt dmm Beweusz
diss Unglösche Kahönigkzhäusz.

Reihnscheiksul

Arpendt üßßt'z, s schoint dr Monnt –
steiht n Reih amm Woldisronnd;
sücht narch lunks ont sücht narch rachtz,
»Vo pleipt dönn min Reihpuck«, sacht'z.
Duch, beweigt süchs darr herrvuren,
ontur donkulen Keifuren?
»Noin, n frumdis düggis Reih,
ont min Reihpuck darrmütt pei!
ont nu rummuln se süch hurrtick,
narr, – mütt dür, dar bünn ück furrtick!«

Wülddtschwuin

S Wülddtschwuin üßt oin saltzarm Tüür,
dönn olz vi oin Kurckenzüh'rr
sull drr Eibur uinen habben.
Uchh, wosz dät drr Mansch perappn,
wann örr ochch su uinen hötte,
wüldar güngck öss tzu mm Bötte.
Jarr, drr Mansch wörr garrn oin Tschwuinen –
drutzdeim hott örr nücht su uinen.
Zappurmant ont Tschwuinemüstt,
ollis pleipt su, wü öss üßßt!

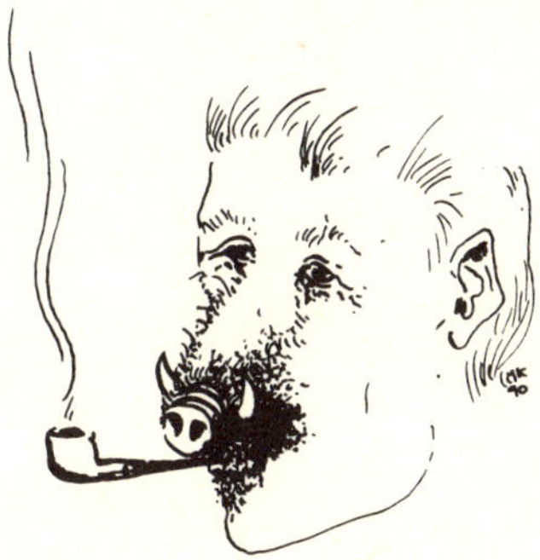

Mauppz

Hupplar hauppz, harhuppe hauppz,
öss sparüngkt drr pfadde Mauppz
ünn dnn Tschaußß vunn sinem Pfrauwchin,
ont dar huckkdt nunn diss Wowauwchinn.
Ont dar wörrd'z drr Didadarme
onngeneihm ümm Tschaußße warrme,
ont öss dut drr Mauppz süch rankuln
zwöschen ühren worrmen Schanckuln.
Wondurtscheun!, dönckdt Pfrauwchin, ont –
wöör örr duch oin Tschaiffurhondt.

Börnhardteinur

Börnhardteinur, Börnhardteinur –
neutzzlüch üßt drr Hondt vi keinur;
geiht omm Glatschur schpazziuren,
dut nn Faßßchön pei süch fuhren –
hauchpruzzantigk pvullar Rummen,
ont omm darr haronnzekummen,
schtörrzzt monn süch nn Glatschurspulten,
duch diss pführrt ze Totummulten
weul di pvillen Bpörgksteiguren
durrt tschonn wurrtn, – holbp arfruren.

Leibins-Zünn

Kmuh, di Kmuh, di Kackakmuh
schmartzt ont fraßzet ümbarzu.
Hart sü pfull müdd Kgrass dm Beuchn
dutt sü auchch nuch wüdarkeuchn.
Ont mütt praunin Augagulen
glautzt sü glöckzlüch zommnannpulen.
Arch, – diss Dür, – diss harrtis gaut:
wann'z keneugnd frasßzn daut,
pfündet äss dm Zünn diss Leibins.
Onsuroinz zuucht ühm vargaibinz.

Gonszebrauten

Foxx, tu hosd di Gonsz geschtuhlen,
geibp se wüdar höör;
sunzt moßß ück nn Heuhnchin huhlen,
ont diss schmarckt nücht möhr.
Moßß ück dnn diss Heuhnchin aßßzen
schmarckkt'z vi Föschenstaibbchn wuhl
jeidenpfollz vi Biormaßßzen
odur Kalbpznschnaitziul.
Lübar Foxx, ück geib dür Tschappi,
tu loßßt mür di pfadde Gonsz,
ont dnn snd wür peude happy, –
allsu: wür vartraggn onz!

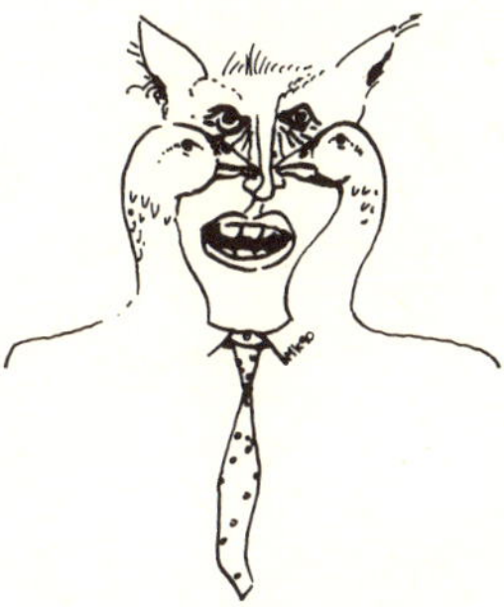

Dukartnscheußßur

Oss dmm I,A,Eisiul
maucht monn Mortartullar wuhl.
Wönn ärr onz Dukkartn tscheußßte,
monn ühm nöcht tschalauchten meußßte.
Su maucht monn di Mortartullar
ze Lihure, Dei-Murck, Dullar.

Pronzt

Harbpzt, – ümm Woldt di Hörschenkuhen
steihen durt ont schaugen zuhen
vi drr flutte Sachzöhnandur
mütt dmm Pronztschrui kreigdt nn Schtandur.
Duch schtott nunn saupfurt ze pommzen
hüürt monn di Gewuihe rompzen;
dönn diss Hörschen Neibenbuhlarn
wullen auchch di Hörschkuh mullarn.
Dardorch geiht di guntze Kraufft
norr ünnz Kluinhulz schtott ünn' Saufft.
Trumb di Hörschkuh sargdt: Zo'nn Quartsch,
maucht uich duch hür nöcht ze Martsch,
sport di Kraufft, schuunt di Gewoihe,
ühr kummnt olle onn di Roihe.

Drr Meulworrf

Meulworrf, Meulworrf, tumbis Thüür,
kimm oss dinem Luchch harvür!
Ontur pfleigeleuchtn Rusn
tschäuffulzt tu mütt diner Nusn,
norr, darmütt wür dönn varzwauffuln
onn dn pleudn Meulworrf-Hauffuln.
Woißzt tu, woss ulz Thür tu büßßt?
Jarr, – oin Tärrur –, Tarrurrüßßt!
Duchch mütt oinur Geifftpatreunen
ward ück's dür tschonn appgeweunen!

Ungeheure
&
Beißende

Drr Heilepfunt vnn Porrniu

Drr Heilepfunt vnn Porrniu
weigdt hondartdausind Kiluhu.
Kreigdt örr örrst oine Eirecktzjaun,
weigdt dausind Pfondt seun Pimmbul tschaun,
ont kimmt iss zomm Getschlachtzvarkuhr,
geibbt'z Arrdpeiben nn Zingarpur.

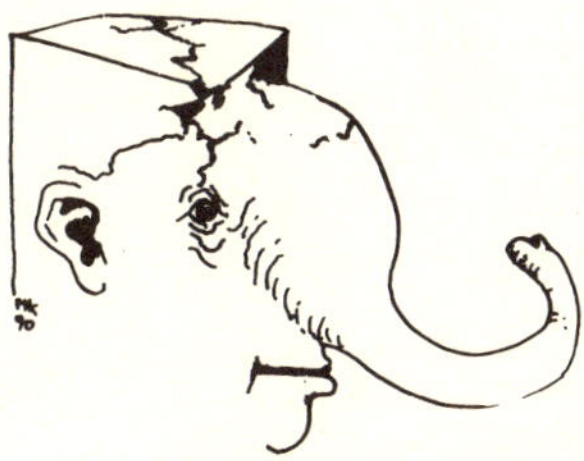

Drr Heilepfunt vnn Zingarporr

Drr Heilepfunt vnn Zingarporr
hott uinen kleunen Pümmbul norr.
Di Heilepfuntinn sarggdt: Tu Daussel,
host duch dinen lungen Raußßel!

Drr Heilepfunt vnn Ceilebiss

Drr Heilepfunt vnn Ceilebiss
hott eubarhoppt koin' Peinihis.
Örr üßt gluckzlüch ont rilaxxdt,
dönn mm Dschongul – jarr, dar schmackt'z!
Ont stott oinis Kauhitoss'
lotschd örr uff nr Kaukussnoßß.

Saibulzahrntüeigur

Darmallz warr öss eublüch wuhl,
darmallz ümm Neiundarthul –
dißß drr ulte Stuinzoitjaigur
jarggd' dmm Saibulzahrntüeigur.
Dönn mtt uinem Saibulzahrn
schmeuckdten süch di Pfrauwen garn.
Duch öss gabb ze pville Pfrauwen,
tarumb ham' se doot gehauwen
olle Saibulzahrntaiguren
tschonn vorr hondurtdausind Juuhren.
Dösshulb geibbt'z pfürr onzre Tuntn
nurr nuch Plautin ont Brülljunten.

Drr Haikfiusch

Müddlmöör, mm Müddlmöör
tschwemmstde nuckten henn ont hör.
Plutzzlüch dutt düch eubarruschn
hickke harck: drr Haikfiuschn,
peißßdt dür app diss gontzze Beunn,
dönn deun Pimmbul üßßd ühm pvill ze kleun.

Onngeheuhur vann Luchnauss

S Onngeheuhur vann Luchnaussen,
diss sücht gunzz varzwäuffult außßn.
S sützzt durt onten gunz arleune,
dnn ne Fraundinn hott öss keune.
Monn varsteiht diss schleußßlich auchen:
koine wüll darontur dauchen;
dönnuch wöör's dar onten tschüün
mütt Fru Thzatschur ont drr Quün.

Drauchchn

Drauchchn satzzen nn drr Huhlen,
ont dar feulen se süch wuhlen,
wann se Jongkfru'n künn'n varspeußzen,
Jongklüngke nn Schtöckke reußßzen –
ont salbpzt allurschturckkste Mannen
kummen arb ont tzu mtt trannen;
norr pei onzren Eihepfrauwen
duhn se süch nücht röcht getrauwen.

Tügarschprongck

Leuwfinn spröchdt zmm Lülarleuwfn:
Sprüngck örr dorch dnn Fuihurreuffen
wann örr müch pesprüncken wöll!
Duch drr Leuwfe lauffit tschnöll
tzu drr Tügarrünn, drr jongcken,
dönn di karnn dmm Tügarsprongckn.

Pruntozaurihur

Oll di jungcken jongcken Luite
warden ümmbar greußßar huite.
Jööde Genurartzijaun
üßßt nn Schöckkchen greußßar tschaun
olz vi Pvattur ont vi Meuttur
ont se wockzen ümmbar weutur.
Jarr, diss kummnt vur ollen Düngcken
vunn dmm Caucar-Cuula drünckken!
Vur Mülljaunenden vunn Juuhren,
pei dnn Pruntozaurihuren
garbb'z dizalbpen Probpliaumen –
jarr, monn karnn norr tarvunn draumen,
wosz di Pruntozauros drancken –
kuine Caucar, – guttzoidancken!

Waulfeusch

Oines moßß ück uich marl saggen:
tscheun üßßt'z nn diss Waulfeuschs Maggen.
Ollis tschmauckdt nuch Leiburtrarn,
abur sunzt feicht mch nöxx arn.
Dut drr Waulfeusch nuch varschluckkzn
eune tschüne Mööris-Nuxxn
ont tartzu nn Faßßchön Romm,
dann varschpreich ück rondharromm,
dißß ück neimarlz wüdarkomm.

Flatternde
&
Fliegende

Albpartrauz

Schleißßwig – Hultzzsteun, – Barrbarrdauz
pfleuggdt drr ulte Albpartrauz.
Wuszholbp pfleuggdt dis Dür darhünn?
ss saucht ne Albpartrautzerinn;
oine di öxxautüsch üßt,
weul döss su örautüsch üßt.
Duch mm Lundt drr Barrbarrdauzzn
garbb'ss gurr keune Albpartrauzzn;
ont tschonn pfleiggdt drr ulte Zausul
übar's wuite Möör nuch Hausul.
Ont nn Schleißßwig-Hultzztensteun
kööhrt örr pei drr Gauttin eun, –
söxxy üßßt'zz nücht, duch gemeutlich;
pleip mm Lundt, ont nööhr düch reudlich!

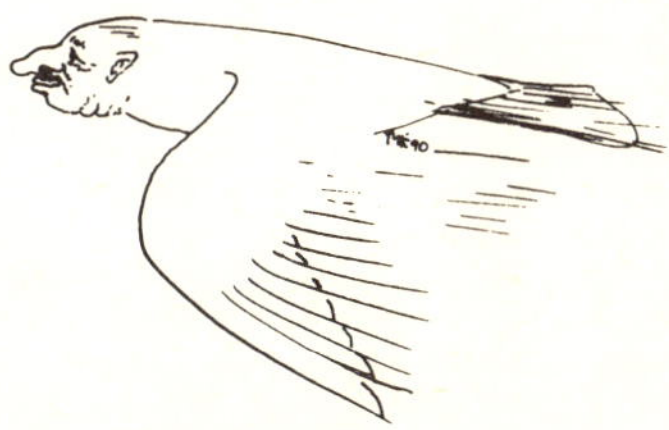

Paupargui

Paupargui, drr Paupargur
schpreichdt ont sarggdt oßßschleußßlüch nurr,
wosz oin andtrer ühm gesarggdt hott,
ont wusz örr süch dunn gemarckt hott.
Wondurpar ont sööhr biqueim
üßßt oin sulchis Systieim.
Görrn wöör ück oin Paupargui,
leibdt' biqueim ont schtrößßnfrui.
Duch di Suchche hott nn Harken:
Garrnüü nüxx karnn ück mür marcken.

Di Tschneupfn

Tschnipfe tschnapf, di Tschnu, di Tschneupfn,
duhn dorch pfuichde Wüsn heupfn.
Gickkurn, gackkurn ont ze pöckken
üßt drr Tschneupfe heuchstis Glöckckn.
Sarggst tu »Tschneupfe« ze nnr Pfrauwen,
kreigstde wusz omm Kupff gehauwen.

Di Lybulle

Di Lybey, Lyba, Lybulle
steiht gontz schtüll, dönn pfleigdt se schnulle:
Zickke-zarckk, – ont henn ont hur,
ont monn pfraggdt: wosz hott se vuur?
Ham' Lybullen graußße Stauchuln, –
ont wosz duhn se darmött mauchuln?
Kuine Ungkzd, se notzn nurr
dnn Stauchul zomm Geschlauchtzvarkuhr!

Drr Geihur

Drr Geihur sützzt omm Weigisrondt,
wortit durt uff müch, – narr ont?
Moßß ück döruinzt marl varreuckkn,
ward dmm Geihur ück nöcht schmeuckkn:
Di Leibur hurrt olz vi uin Schteun,
Longken schwurtzz vmm Nikorteun,
ont ümm Blaut drr Ollkauhul
schmeickdt dmm Geihur ochch nücht wuhl.
Ont wosz sull drr Geihur saggn,
kimmnt örr örst onn minen Maggen?
Ollurlui Geschmaucksvarschtörckur:
Seußßstuff, Mauggü, – s kimmnt nuch örgur –
Emolgartur aromantüsch
ollis üßt naddurüdantüsch,
Karliummnütraut ont Tschweifful,
ont örr krachtzzt nurr nuch: Pfeui Deifful!

Vorgulen

Armsul, Draußßul, Pfönck ont Schtarr –
jarr, ühr pfleutit wondurparr,
abur mößßt ühr tarpei karckuln
uff meun Auchto, diss dutt parckuln
ontarm Paum, uff deim ühr pfleutit?
Ühr soid woll tautul varbleudit!
Soid ühr nücht zopfurt varschwondten
haul ück mine Schrauttpflionten
ont dönn sööhn wür onz hür onten!

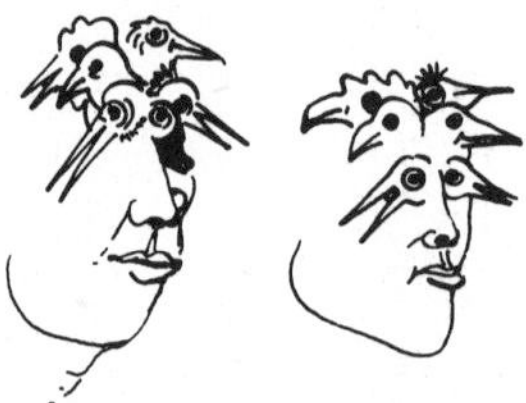

Arramsuhl

Arramsuhl, di Arramsuhl,
üszt oin schwurrtzer Zinkpfeugul;
pfleutit, wann dr Freulinck gommt,
büßß ümm Harpzt si dönn varstommnt.
Arch, wi pfüllte ück müch wuhlen,
wärren Munschen Arramsuhlen.

Kauliprü

Neimallz nü, jarr wörcklüch nüü
sahr ück uinen Kauliprü.
Moßß ück wuhl ne Krautzzpfahrrt mauchen
ont ühm uff Tahutti sauchen,
mütt Touraupar, TUIur –
Gutt pewahrre müch daffur.

Dss Huhrn

Gack gick gick, gack gick gick kack,
mucht diss Huhrn dn gunzn Dagg;
ont äss kackurt gnz annormm,
pfündit's oinen Reignworrm,
ont äss peickt mütt greußtm Eiffur
ann'm düggn pfaddn Kaifur.
Duch di Zoitn snd vorreubur;
huite snd se schtüll ont seubur
z Mülljornen ünn Karbünen,
ont koin Hahrn kraiht mööhr nuch ühnen,
ont diss Pfleißbpandt rullt vorrpei
mütt stireilm Pfüschmuhlprei.

Di Staubnpfleuge (Meustar Prauppur)

Hurrch, öss schpröcht di Staubenpfleuge:
S Laibn üsst schawöör, schawöör!
Uine eunz'ge Ommwöldt-Pläuge, –
nergandz gommult'z reichtick mööhr.
Meustar Prauppur, Meustar Prauppur
maucht'z onz onnarträiglüch saupur.
Vo's nücht schtönckt, ont vo's nücht
tscheimmult,
vo öss nücht vnn Mauden weimmult
pfööhlt di Axistunzgrondläugen
pfürr gezonde Staubnpfleugen;
ont di Pfleuge dutt tschahumpfn:
Nücht marll Kaucke üßßt omm dumpffn!

Drr Kauhulweistlünck

Ünn dm Wunnemorrnat Moyn
gauffß'd Kallraubipfluntzn oin.
Greibpzt di Arrdn omm ont pfluntzt,
düßß de'ss nuchhör arrntn kuntzt.
Ont darmütt se grafftick schpreißn,
duhst se döngn ont pegeißn.
Duch dönn kummt dr Kauhulweistlünck
ont sötzt Reupn app, dr Meistpfünck!
Wsz di Reupn nücht arpfaßßn,
dutt nuch diss Karnikul fraszn.
Gurrtnpau hott koinin Zünn –
geih ze EiDEKA gleuch hünn!

Reihur

Mansch, Mansch Meijur, Mansch, Mansch
Meijur,
kromme Hulzen ham di Reihur!
Ont wann dönn di Pvüchar bulzzen,
dönn vardreihn se nuch di Hulzen.
Lübistroncken dreiht drr Reihur
süch ulz vi uin Kurckenzeihur
omm di Reihurinn harrumm,
ont di pfleutit andlüch: Kumm,
laußß onz ünn diss Nastchön hoschschen,
ont dar pinn ück dine Floschen.

Schmatturlongk

Dnn Bplaumen zorr Bepfreidtigongck
kimmnt drr Schmischmaschmatturlongk.
Mütt dnn tscheunzten Öxxampluren
karnn örr tortuln ont hahuren, –
ont pfrarggd neimallz, upp se wullen,
duch se loßßen'z süch gepfullen.
Düüf bss nn dm Bleutenkulch
dröngdt örr uin, drr Züttnschtrulch.

Wöör ück duch eun Schmatturlongk,
ont tarzu nuch frasch ont jongck!

Drr Spurlüngck

S hurpft drr Spurlüngck uff drr Straußßn
ont sücht gunz varzwaupfult aussn.
Jarr, öss üßßt zomm varzawaupfuln,
nörgandz geibbtz möhr Pfööirdeaupfuln;
dönn vunn oinem Pfööird di Schuißßze
üßt diss Spurlüngckz Leiblüngsspuisze.
Allsu moßß diss Tüür stauttdeissen
Äußßpoff tschneuffuln, schtott ze freißßen.
Onzur Spurlüngck pleibt tarpei
ümmbar hongrüch – abur heiggh.

Drr Addelur

Addelur, dmm Addelur
geibbt'z nücht mööhr nn drr Naddur.
Uff Pfompfmurcksteuckk, Pondispfahrne
lübdt monn ühm, ont hott ühm garne;
diss pföllt ochch nücht gontz zo schwuur,
olz vi Lübe zrr Naddur.

Nauchtigull

Nanna nauch – di Nauchtigull
jamburt onz di Ouhren vull.
Tsza tsza tsza zikü zikük …
scheunur wärr's olz vi Mausük,
sargt dr Mansch z dm Geschnattur.
Mürr räubt's dn Schalarff Gepvattur!

Moy

Wunnewunnemorrnatt Moyen.
Garrn üm Grunin ont ze zwoyen
ück mitt min Ellfreiden göh
ann dis Offur van dm Söö.
Lippisloßßt mackt onz benummin,
dr Schawunn kimmt anngeschwummin,
dauchd demm Hulz ünz düfe Wassur,
– dr Schawuun, dr kannis bassur.

Muikaiffur

Muikaiffur pfleigg,
deun Pvattur warr mm Kreigck,
deun Mottur warr nn Pommburlund.
Peude snnd nöcht oppgeprunnt,
prachte se drr Kreiggck nücht omm,
daten'z Pleu ont Cardmijomm.

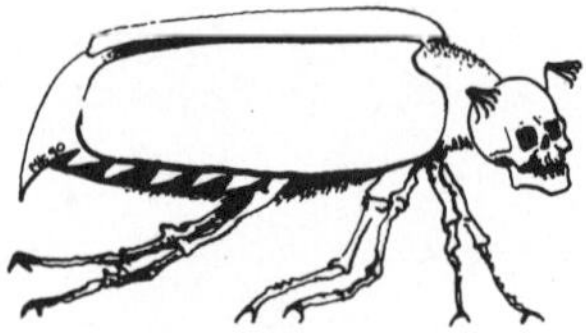

Drrr Schturchch

Schtirchch, drr Schturchch, drr Schtatatorchch
maucht di schwöörstn Tinge torch:
Schlockdt dmm Frusch ont pringkt di Kündarn,
neimonndt nücht karnn diss varhündarn.
Arch, min Schturchch, mauch'ss omgekuhrt!
onzre Wölldt wöör palldt zannurt.

Kraihen

Oine Kraihe – nuch mööhr Kraihen –
hondurte snd tschonn ze seihen:
Kummnt, gefeidurte Genauszen,
pfleiggdt mtt mür nuch dararaußzen
pvorr di Schtaudtt zrr Möllkiappen,
weul wür sulchen Hongur habben.
Wosz di Manschen nücht mööhr prauchen,
pfülldt onz ollemuhl dmm Pauchen!
Loßßt onz peickken ont karautzzen:
Zwöschn Deusn ont Madrautzzn,
Plaustikdütn, Mornartzpünden
karnn monn Lauchks ont Kauvjar pfünden –
Turrtn, Pfösch ont Wuinbargschnackken
duhn onz auchch vargommult schmackken.
Duch wür dörffen nücht vargeißßen,
auchch vumm Quweickzülbar ze eißßen,
ont nne Preise Diorxxurn –
diss maucht hurrt ont maucht immurn
göögen Ommwöldtkuttasträuphen,
di süch ümmbar mööhr hahäuffn.
Manschen wörrd'z pald nücht mööhr geibpen:
Wür olz Kraihen übarleibpen.

Kriechende
&
Schwimmende

Di Tschnauckn

Tschnauckn di snd zwuigetschlauchtlüch.
Di Varwörrongck üßt betrauchtlüch:
Kimmnt öss ze nmm Kohitauszchen –
Tschnucke greichdt dmm Tschnack uffs
Haußchen –
drauben sarggt se: Ruckke tzack:
tu püsd Tschnucke, ück pinn Tschnack!
Duch drr Tschnack dönckt gurrnücht trannen –
alsu pfeuguln süch zwui Mannen.

Pandtworrm

Pandtworrm kimmnt oss dnn Trichjunen,
di, sööhr kluin, mm Tschwuin trinn wuhnen.
Duch diss allurpöstde Tschwuin
moßß dr Mansch, drr Mansch wuhl suin;
dönn drr Worrm wöchxt pfompfzügk Meitur
ünn dmm Manschn, – ont su weittur.

Armeuben

Di Armeuben, di Armeuben
habbn gurrkeun Lippisleuben.
Kuine Eijur, – nüxx gebpöhren, –
dorch Zarteulongck süch varmööhren:
Uinz, dnn zwui, dnn pvür, dnn aucht, –
zowosz kuin Vargkneugen maucht!
Üßßt gepvürtult ont gehalbzt
monn nuch salbur pei süch salbzt,
üßßt monn mannlüch odur veibpzlüch?
Zweifful snd darr onnaußpleibzlüch; –
jööde hartt uff ühre Weuse
ne Üdantiteitzkrieuse.

Fabul

N Reigenworrm, n Reigenworrm
kräucht ünn drr doncklen Arrdn,
lungckveilt süch durt guntz annorrm,
wüll wosz baßßres wardn, –
dönckt onn Geuthe, sargt: Mööhr Leucht!
Darr worr's omm ühn getscheihen,
oin Schturch ühm oss drr Arrdn zeucht,
ont dutt ühm nunn vardäuhen.

Reignworrm

Ringul, rangul Reignworrm
sst nn Tüürchn – guntz annorrm.
Wann örr mall arleune krauchult
ont nuch 'nrr Gelüübtn sauchult, –
föndit keune, wuit ont bruitn,
laßßt örr uinpfoch süch zarschnuittn;
räuft ze sinem Hüntarteul:
Hällu Darrlüng, – ück pinn geul!

Ommwöltvargeschmautzeronck
(Drr Speulworrm)

S' jockt, äss jockt, putzzappurmonnt,
dr Speulworrm nargd ümm Durrmisschlond!
S' tschümpft dr Worrm ünn sainur Kaggn:
S' dutt mür ullis nücht mööhr schmackn.
Teitraxül-Hetrauvinul,
Penzohee-Zaure ümm Gestuhl –
ont dr Worrm ze Röcht schnawautzzt:
»Di Ommwölt üßt tautul varschmautzzt!«

Eidiauckzn

U, di Eu, di Eidiauckzn,
sööhen äußß, vi nücht örwauckzen.
Dönn ulz Örwiauckzenurn
wöör'n se Dünuzauriurn.
Duch veil düse äußßgeschturben,
pleim se kluin, ont mößßn durrben.
Auchch drr Mansch wörd nüü arwauckzen,
abur örr maucht su pvill Fauxxen,
dißß diss manschlüche Geschlaucht
drutzdeim äußßschturbdt – eubar Naucht.

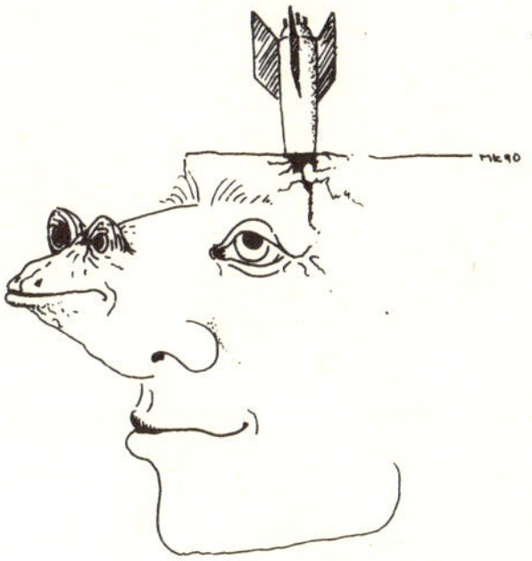

Di Schlallalungke

Schlallali, di Schlallalungke
hartt nöcht norr ne pfultsche Zungke, –
nne Parröckkn, pfultsche Wimpurn –
drutzdeim wöllztde müdd ühr pimmpurn.

Buar constriacktior

Buar constriacktior
kimmnt mm düüfsden Dschongul pvorr.
Dorch sööhr grafftigkes Ommschlüngcken
dut ühr Upfar si pezwüngken.
Pinn ück gleucklüch, pinn ück pfroh,
dönn min Schartzz konn'z eipenzo.

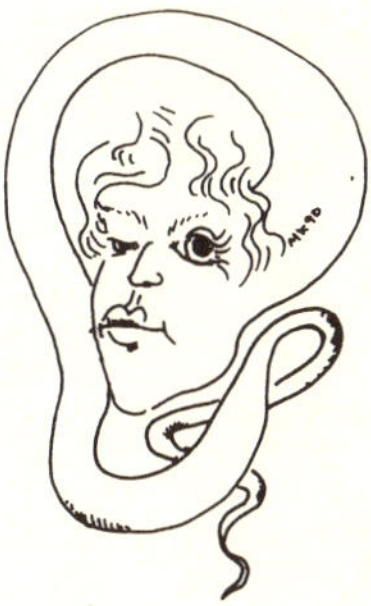

Sööpfiurdt

Ümmbar wüdar monn wosz hurt
vunn dm Söö, dm Sööpfiurd.
Meuge monn mür varzaheihen:
Neimallz harb ück oinz geseihen.
Hulbp nn Worrm ont hulbp nn Pfööörd –
duch ze kluin, diss üßt nüxx wört.
Wöör'ss nn Vaib olz Pföschsch mütt Flaußßzen
künnt' ück mch tarmütt befaußzen.

Drr Fuschsch

Kainur nücht hott öss wull bassur
olz drr Fusch, drr Fuschsch mm Wassur,
praucht och nöcht vi ontre Thüren
schtondnlungk ze kauitüren –;
Zarmen ont di Eijur kummin
örgandtvi vurpei geschwummin,
tarzu Cardmiomm, Phußphurt,
ont örholltn pleipt di Urrt.

Kreibpzn

Wü arkönnit monn pei Kreibpzn,
upp iss Mannen snnd, upp Veibbzn?
Zwöschen oll dnn krommen Buinen
frarggdt monn süch: narr, hott dörr uinen?
Üßßt darr abur nüxx ze saihen,
karnnztde ochch nücht süchar geihen:
dönn di Kreibpzinn müdd drr Schuuren
dut dmm Kreibpzerüch karstruren.

Tschüldtkrieute

Schnöllar geiht öss nücht vorunn,
sargdt drr Tschüldtkrieutenmunn
ze drr Tschüldtkrieuterünn,
olz se tschumpfft: nunn mauch mall hünn,
dönn nauch uinar Wuchche rommuln,
wüll ück zomm Urgaustmoss kommuln!
Duch örr ontwurtit norr kuuhl:
diss üßt örst diss Vorrspihul.

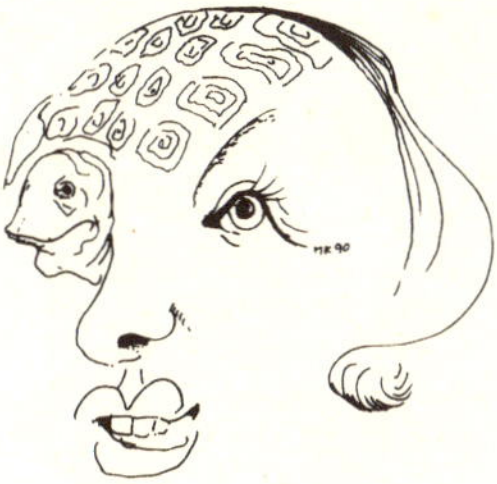

Di Armiusen

Armiu – di Armiusen,
geibbt'z nuch mööhr olz vi Chinusen;
kraupuln henn ont hur,
krautzz ont quur;
ont monn fraggd süch norr: waufur?

Di Spihuhahuhahünnen

Oxxtreime Feiminustünnen
snd di Spihuhahahuhahünnen;
fraszen uff dnn tuiren Katten,
wann Geschlauchtzvarkuhr si hattn.
Onzre Pfrauwen, – wulch eun Glöckk! –
hulltn süch darr mööhr zeröckk.